CARRERAS DE MOTOS

A Toda Velocidad

Hillclimb

JIM MEZZANOTTE

GARETH**STEVENS**
PUBLISHING
A Member of the WRC Media Family of Companies

Please visit our web site at: www.garethstevens.com
For a free color catalog describing Gareth Stevens Publishing's
list of high-quality books and multimedia programs, call
1-800-542-2595 (USA) or 1-800-387-3178 (Canada).
Gareth Stevens Publishing's fax: (414) 332-3567.

Library of Congress Cataloging-in-Publication Data

Mezzanotte, Jim.
    [Hillclimb. Spanish]
    Hillclimb / by Jim Mezzanotte.
       p. cm. — (Carreras de motos: A toda velocidad)
    Includes bibliographical references and index.
    ISBN 0-8368-6440-9 (lib. bdg.)
    ISBN 0-8368-6578-2 (softcover)
    1. Motorcycle racing—Juvenile literature.
    2. Off road racing—Juvenile literature. I. Title.
    GV1060.M4818   2006
    796.7'5—dc22   2005033883

This edition first published in 2006 by
Gareth Stevens Publishing
A Member of the WRC Media Family of Companies
330 West Olive Street, Suite 100
Milwaukee, WI 53212 USA

Editor: Leifa Butrick
Cover design and layout: Dave Kowalski
Art direction: Tammy West
Picture research: Diane Laska-Swanke
Translators: Tatiana Acosta and Guillermo Gutiérrez

Technical Advisor: Kerry Graeber

Photo credits: Cover, pp. 5, 7, 9, 11, 13, 15, 17, 19, 21 © David L. Patton, Jr.

Printed in the United States of America

1 2 3 4 5 6 7 8 9 10 09 08 07 06

CONTENIDO

Cubierta: ¡Un *hillclimb* es una
trepidante carrera a la cima!

El mundo del *hillclimb*

¿Quieres conocer un deporte apasionante y fuera de lo común? El *hillclimb* es un tipo de carrera de motocicletas. Los participantes suben empinadas colinas a gran velocidad. No compiten unos contra otros, sino contra el reloj. Gana el más rápido en llegar a la cima.

Este deporte es una de las modalidades de carrera de motos más antiguas. Comenzó a practicarse a comienzos del siglo XX, cuando aún hacía poco tiempo que se habían inventado las motocicletas.

Hoy se siguen celebrando competiciones de *hillclimb*, y muchas tienen lugar en Estados Unidos. Los pilotos usan unas motos especiales con potentes motores. Cuando llegan a un desnivel, vuelan por el aire. ¡En el *hillclimb* abundan los momentos espectaculares!

Un piloto inicia la subida, levantando tierra con la rueda trasera. Gana la persona que sube en menos tiempo.

El *hillclimb* en Estados Unidos

En Estados Unidos, los **profesionales** compiten en un campeonato de *hillclimb*. La organización *AMA Pro Racing*, que es parte de la Asociación de Motociclistas Americanos, o AMA, establece las reglas de las carreras. Los pilotos obtienen puntos en cada prueba. El que consigue más puntos es el campeón. También hay pruebas para **aficionados**. En ellas compiten corredores de todas las edades.

Las pruebas profesionales de *hillclimb* de la AMA se celebran en el Medio Oeste y en el Este. Una colina puede tener rocas, salientes y desniveles. Las motos corren sobre pasto, tierra o arena. Las pruebas suelen ser organizadas por clubes motoristas locales.

Algunos corredores compiten en pruebas de *hillclimb* en el Oeste. Las colinas del Oeste son generalmente más largas que las del Este. Tienen curvas y muchas veces son más difíciles de subir.

En las pruebas de aficionados compiten corredores muy jóvenes. La moto de este competidor es más pequeña que la de los profesionales, ¡pero es muy rápida!

Contra el crono

Los competidores suben a la colina por turno. Cada piloto inicia la subida en el cajón de salida, un área en la base de la colina. El corredor espera a que el camino esté libre y sale del cajón a toda velocidad.

El cronómetro se pone en marcha cuando el piloto sale del cajón, y se detiene cuando alcanza la cima de la colina. Las subidas de los corredores son muy rápidas. Suelen durar menos de diez segundos. Algunas subidas tienen más de 500 pies (150 metros) de largo. Otras son más cortas.

En las pruebas de *hillclimb*, cada piloto hace dos o tres subidas. El piloto con la subida más rápida es el ganador.

La colina está preparada para el siguiente piloto. Aunque es muy empinada, los corredores la suben con rapidez.

9

Largas y ligeras

Los pilotos de *hillclimb* usan unas motos especiales. Son motos **custom**, preparadas para subidas. Son sólidas, pero ligeras, y carecen de lo necesario para ser utilizadas en una vía pública.

Cuando los corredores suben colinas empinadas, sus motos pueden volcarse hacia atrás. Las motos cortas se vuelcan fácilmente, y por ello las motos de *hillclimb* son muy largas. Estas motos tienen un basculante más largo de lo normal. El basculante conecta la rueda trasera con el resto de la moto.

Para subir colinas, estas motos necesitan tener buena **tracción**. Algunos corredores ponen cadenas en el neumático trasero. Otros usan un neumático con paletas. Este neumático tiene unas palas que penetran en el terreno. Las motos de *hillclimb* sólo tienen un freno pequeño, en la rueda delantera. ¡Los pilotos no lo usan mucho!

Esta moto es perfecta para subir colinas.
No puede ser utilizada en vías públicas.

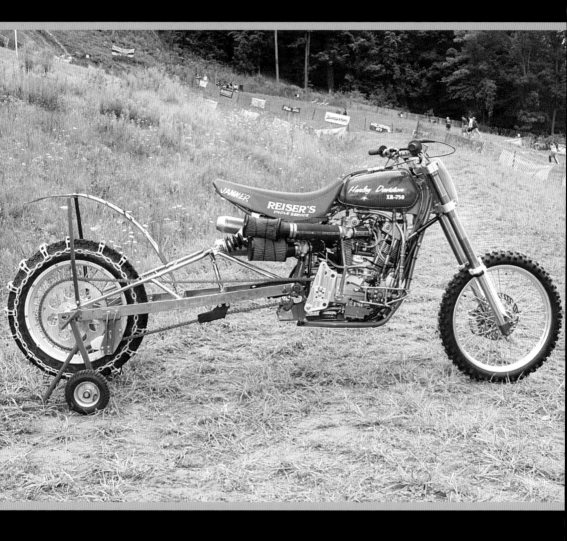

El poder del nitro

Las motos de *hillclimb* tienen motores muy potentes. Para subir colinas con rapidez se necesita mucha potencia. Los motores que se usan son de Honda, de Harley-Davidson y de otras compañías. Estos motores han sido **modificados** para producir más **caballos de potencia**.

Estos motores no usan gasolina, sino nitrometano o "nitro". El nitro es un **combustible** de carreras, que hace explosión con facilidad. Los motores que lo usan son muy potentes. Algunos motores de *hillclimb* producen casi 300 caballos. ¡Tienen una potencia mayor que la de muchos motores de auto!

El depósito de combustible de una moto de *hillclimb* es pequeño. Su tamaño permite reducir peso. Sólo transporta el combustible suficiente para una subida.

Este motor funciona con nitro, no con gasolina.
Algunos autos de carreras también usan nitro.
Es un combustible muy poderoso.

Cualidades de un *hillclimber*

Para competir en subidas hace falta mucha destreza. Los corredores deben ser capaces de controlar motos rápidas y potentes. Deben reaccionar con rapidez cuando encuentran un **obstáculo** en su camino. Sólo piensan en subir la colina. Saben que una prueba se gana o se pierde por pocos segundos.

Durante una subida, la rueda trasera se hunde en el terreno. Al hacerlo, la rueda delantera se levanta en el aire. Por ello, los corredores deben tener cuidado. Necesitan una buena tracción, pero tienen que evitar volcarse hacia atrás. Un buen equilibrio es esencial.

Los mejores corredores consiguen mantenerse sobre la moto en cualquier circunstancia. Pueden llegar a un desnivel y volar a gran distancia. ¡A veces, llegan a derrapar de lado, pero así y todo consiguen alcanzar la cima!

Durante una subida, las motos pueden saltar a gran altura. Los pilotos deben ser muy diestros para evitar caídas.

Medidas de seguridad

En las pruebas de *hillclimb* la seguridad es importante. Los corredores suben las colinas a gran velocidad. A veces, pierden el control y caen. Para protegerse la cabeza y el rostro, se ponen un casco. También llevan protectores y ropa resistente, además de botas y guantes.

Los corredores usan también un **cabo**. Uno de los extremos va atado a la muñeca del corredor. El otro va unido a un interruptor del motor. Si el corredor cae, el cabo tira del interruptor y el motor se para, de manera que la moto no siga sola.

Antes de una subida, un comisario hace ondear una bandera verde. Eso significa que la colina está "verde", es decir, que el camino está libre. Los comisarios de la prueba se aseguran de que hay extintores a mano, por si el nitro de alguna moto se incendia.

¡Si los pilotos cometen un error, pueden tener un accidente! Para su seguridad, los pilotos van especialmente equipados.

Hillclimbers profesionales

Todos los años, los profesionales compiten en el campeonato de la AMA. Puede ser difícil **predecir** quién será el campeón. Entre los principales corredores se encuentran David Watson, Walter "Tiger" Strank y Chad Disbennett. Otro conocido profesional es James "Jammer" Large. Todos ellos han sido campeones.

Destacados profesionales compiten también en las subidas del Oeste. Entre ellos se encuentran Rusty Beer y Travis Whitlock. Estos corredores han alcanzado la victoria en algunas colinas de gran dificultad.

En muchos tipos de carreras de motos, los profesionales de más éxito ganan mucho dinero, pero las pruebas de *hillclimb* son diferentes. En este deporte, los profesionales no suelen estar bien remunerados. La mayoría de ellos tienen otras ocupaciones. Compiten por amor a este deporte.

Walter "Tiger" Strank sale del cajón a toda velocidad. A profesionales como Strank les encanta competir.

¡A subir!

¿Todo preparado? En lo alto de la colina, un comisario hace ondear una bandera verde. Te sitúas en el cajón. Antes de salir, aumentas las revoluciones del motor para calentarlo. Te concentras en el camino que deseas seguir en la subida. Y arrancas. El motor, alimentado por nitro, hace un ruido ensordecedor. ¡Subes la colina como un cohete!

Alcanzas un desnivel y vuelas por el aire. Cuando bajas, estás a punto de caer, pero aprietas el **acelerador** y continúas. Sigues los **surcos** que han dejado otros corredores. La subida se hace mucho más empinada. Tu moto ruge mientras vuelas sobre la cima. ¿Habrás logrado el mejor tiempo?

Un piloto inicia la subida a una colina. En *hillclimb* sólo hay un objetivo: illegar a la cima!

GLOSARIO

acelerador: parte de la motocicleta que controla la cantidad de combustible que llega al motor. Los corredores accionan el acelerador haciendo girar una empuñadura del manillar.

aficionados: en deportes, personas que compiten por placer y no para ganar dinero

caballo de potencia: cantidad de potencia producida por un motor, basada en el trabajo que puede realizar un caballo

cabo: cuerda que une a un corredor con un interruptor en el motor de la moto. Si el corredor cae durante la subida, el cabo tira del interruptor y apaga el motor.

combustible: algo que se quema para proporcionar energía

custom: hecha por encargo

modificado: cambiado

obstáculo: algo que dificulta llegar a algún sitio o hacer algo

predecir: adivinar lo que ocurrirá en el futuro

profesionales: en deportes, personas que por tener una especial habilidad compiten para ganar dinero

surcos: aberturas profundas hechas en el suelo por unas ruedas

tracción: el agarre que tiene algo sobre la superficie en la que se mueve

MÁS INFORMACIÓN

Libros

Hillclimbing. Motorcycles (series). Ed Youngblood (Capstone Press)

Motorcycles. Race Car Legends (series). Jeff Savage (Chelsea House)

Videos

White Knuckle Extreme: Higher Ground (Image Entertainment)

Widowmaker 2003 (Big Rock Film and Video)

Páginas Web

www.bikehillclimb.com
El Club de Motos del Valle Bushkill organiza una prueba de *hillclimb* de la AMA. Haz "clic" en las imágenes para ver videos de subidas.

www.kingofthehill.org
Esta página contiene información de diferentes tipos de pruebas de *hillclimb*. Además, tiene muchas fotografías.

www.muskegonmotorcycleclub.com/hbike.htm
El Club de Motos de Muskegon también organiza una prueba de *hillclimb* de la AMA. Esta página muestra las distintas partes de una moto de *hillclimb*.

www.pro-hillclimbers.org
En esta página encontrarás información sobre las pruebas de *hillclimb* en el Oeste. Hay muchas fotografías.

www.reisercycle.com/about6.html
Visita esta página para ver una moto de *hillclimb* hecha por Tom Reiser. Tom ha creado muchas motos, incluyendo algunas para James "Jammer" Large.

ÍNDICE